CARNOT

Pourquoi les Solennités de Magdebourg ?

par

Marcellin baron Grivot de Grandcourt.

Meine Herren! Frankreich dankt Ihnen und grüsst Sie!
Allemagne! La France te remercie et te salue!

Berlin
A. Dressel, éditeur.
Tous droits réservés.

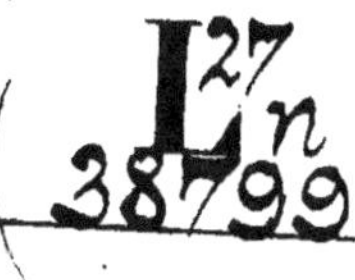

CARNOT

Pourquoi les

Solennités de Magdebourg?

Brochure philanthro-politique adressée à la **presse,** à **l'opinion publique,** et aux **gouvernements** des deux pays.

par

Marcellin baron Grivot de Grandcourt.

Berlin

A. Dressel, éditeur.

Ex ore parvulorum veritas.

*   *   *

Motto: Et parfois, l'on entend sortir, touchant mystère,
Comme du vers luisant monte à nous la clarté,
Des lèvres des petits, la grande vérité!
Eug. Manuel.

Une solennité des plus touchantes vient d'avoir lieu le 2 août à Magdebourg: les restes de Lazare Nicolas Marguerite, Comte Carnot, grand-père du président actuel de la République Française ont été transférés du cimetière de Neustadt à la gare de Magdebourg, d'où accompagnés de Messrs.

Carnot fils et frère et de nombreux amis et invités, ils ont été dirigés sur Paris pour être, une fois là, inhumés au Panthéon.

Faut il rappeler ici briévement ce qui s'est passé? Le transfert des dépouilles mortelles de Lazare Carnot a donné lieu à des solennités inaccoutumées. Les cérémonies et honneurs rendus ont été ceux que l'on rend en Allemagne à un Maréchal.

Le cortège, ayant à sa tête le Général Commandant von Schauroth, et escorté de deux escadrons du Régiment des Hussards de Magdebourg No. 10, de deux bataillons du Régiment Prince Leopold et d'un bataillon du 27ème et 66ème Régiment d'infanterie, s'est mis en marche à 2 heures précises.

Le char funèbre était conduit par une compagnie du Train.

Derrière le cercueil recouvert du drapeau tricolore s'avançaient en première ligne le frère et le fils du président actuel de la République, puis le préfet du département de la Seine, auquel s'étaient joints les autorités civiles et militaires.

Le cortège a ainsi défilé devant une foule respectueuse et sympathique jusqu'à la gare de Magdebourg. Les musiques des régiments faisant escorte jouaient des marches funèbres.

Au moment où la bière a été mise dans le wagon, on l'a saluée de trois salves d'infanterie. Le corps des officiers, les autorités municipales avaient fait déposer des couronnes sur le cercueil.

Il en a été de même le 1 août a Neubourg pour le transfert des dépouilles mortelles du duc de Latour d'Auvergne.

On voit avec quelle pompe ces solennités ont eu lieu, et la presse française elle-même a, dans des articles étendus, décrivant tout le cérémoniel inusité prêté à ces actes, vivement loué et chaudement remercié les autorités prussiennes pour leur condescendance et bienveillance en cette occasion.

Or, faut-il seulement voir dans les solennités touchantes de Magdebourg, — pour ne parler que des dernières, — une marque de respect et de courtoisie de la part de l'Allemagne envers la personnalité de M. le Comte L. N. M. Carnot, mort il y a 66 ans, ou, sondant plus à fond la pensée de M. le Prince de Bismarck, devons nous y chercher des raisons de plus haute et plus longue portée?

Je répondrai à cette question par une autre question:

La politique de M. de Bismarck est-elle une politique de sentimentalité, d'idéalisme, ou bien une politique réelle et ne visant seulement qu'à un but déterminé?

Non, ce ne sont certainement point des sentiments qui ont dicté les cérémonies de Magdebourg. —

Que devons-nous en conclure?

Qu'il est temps que les préjugés et les idées de parti-pris cessent; temps qu'un effort soit fait d'un coté et que l'on mette un peu de bonne volonté de l'autre; temps enfin de se faire mutuellement quelques concessions.

Le préjugé est, sinon le père, du moins un des ancêtres du déraisonnement et de l'erreur. Nous sommes à une époque de progrès et de marche en avant; or, si le préjugé, le déraisonnement et l'erreur ont été la marque caractéristique de l'antiquité et des temps passés, il ne tient qu'à nous de donner à notre époque la vraie caractéristique qui lui convient:

Tempérance et Raison.

La vraie politique du Chancelier de l'Empire allemand n'est pas que de chercher et de combiner des alliances, ni que de former un cercle de fer, dont les brisures, quand il éclatera, doivent nécessairement déterminer un cataclysme européen, cataclysme dont l'Allemagne aura autant à souffrir que les autres puissances qui l'auront amené, — M. de Bismarck aime trop son pays pour cela, — mais ce qu'il cherche et désire aussi peut-être, y ayant droit pour ses vieux jours et pour sa patrie qui en a aussi besoin, c'est la paix, la paix et ses fruits, cet éternel *postulandum* que chaque Roi et chaque vrai politicien et patriote devrait, avant tout, se faire une gloire de vouloir fonder.

Voudra-t-on voir ce désir de paix, — si manifeste pour les hommes de jugement, — dans les solennités auxquelles nous faisions allusion au commencement de ces quelques lignes?

Nous l'espérons; car ce serait la vraie interprétation d'une idée saine et généreuse conçue non sans raison, par ce cerveau éminent.

On nous dira que beaucoup veulent la guerre!

Ce sont là des dire; qu'on demande, à commencer par le plus simple paysan, pour en venir jusqu'au ministre; qu'on demande à tous ces gens: désirez-vous la guerre?

Pas un seul sur mille, pas un seul ne répondra oui. Ce à quoi ils visent, c'est le bien-être, qu'ils cherchent par le travail à pouvoir se procurer; ce à quoi ils aspirent, c'est d'être en état de donner à leurs enfants et à leur famille une nourriture saine de corps et d'esprit; ce qu'ils cherchent, c'est l'amélioration de leur condition par le progrès; ce qu'ils désirent, en un mot, c'est la paix. —

Qu'il est donc beau et vrai cet écho de millions et millions de voix, poussant le même cri, répétant le même mot et qu'elle est noble et haute la tâche que nous nous sommes imposés et que nous remplissons ici, de rapporter cet écho à la presse qui semble ne pas l'entendre, à l'opinion publique en fausse voix ignorante de son propre mal, à des gouvernements enfin, qui le savent et le connaissent, mais peu secondés par ces deux premiers facteurs se trouvent dans l'impossibilité de rien effectuer.

Que le chauvinisme, cette noble fleur

qui croît dans le voisinage des grands charniers, n'empêche point les hommes de coeur, les patriotes — eux surtout, eux à qui nous nous adressons particulièrement ici — de comprendre et de suivre nos pensées et d'adhérer à nos théories. Laissons donc de coté pour un moment ces idées que les uns et les autres nous poursuivons dans notre propre intérêt, et occupons nous de l'intérêt public et général de nos deux grands pays, en convergeant nos forces et nos pensées vers un seul et même but.

Que le moi, que le nous rentre en seconde ligne et visons seulement pour un instant à une gloire plus lointaine, mais plus sûre.

Quelle source de richesses pour le commerce, pour l'industrie et pour le progrès de la France comme de l'Allemagne, si entre ces deux maîtresses du monde civilisé, un rapprochement qui de prime abord semble une impossibilité pouvait voir un jour ou l'autre son effectuation.

Mais mon faible dire semble paradoxal et il aurait l'air, ma foi, d'une fantaisie de poëte, ou d'un rêve d'utopiste, si je ne le basais sur l'exemple, et sur l'exemple frappant et convaincant de l'histoire:

A la suite d'accidents fâcheux et peut-être aussi d'un grain de jalousie, une haineuse inimitié, qui sans doute avait pris naissance dans le temps de la Triple alliance du Sud 1865—70 (Guerre du Paraguay), s'était peu à peu élevée et avait grandi entre la République Argentine et l'Empire du Brésil.

Des articles aussi vénimeux que pleins de provocations pouvaient se lire presque chaque jour soit dans les journaux de Rio de Janeiro, soit dans ceux de Buenos-Ayres. Peu s'en eût fallu alors pour qu'entre ces deux nations de caractères si sanguins et si colériques la guerre n'eût éclaté, elle était même attendue de jour en jour comme une calamité inévitable, et de part et d'autre on s'y préparait.

Nous sommes au 13 mai 1888, „le jour

d'or" dans l'histoire de l'Empire du Brésil.

Dom Pedro II s'immortalise par le décret de l'abolition de l'esclavage, décret que le monde entier va s'empresser d'applaudir. C'est cette occasion, qu'impartials saisissent les journaux argentiniens pour louer le ministère brésilien, d'avoir su arriver à un tel résultat.

A ces louanges et ces remercîments de part et d'autre suit une invitation formelle de de la presse argentinienne à la presse du Brésil, invitation qui fut acceptée et que l'on s'empressa de rendre de l'autre coté. A partir de ce jour, s'établirent, entre ces deux voisins qui auparavant ne pouvaient que se haïr, des relations, qui de jour en jour, à la gloire et à la prospérité de l'Empire du Brésil et de la République Argentine, vont s'augmentant et s'étrecissant de plus en plus.

Une réciprocité de politesses échangées de part et d'autre par la presse de ces deux pays a suffi pour apaiser cette fermentation des esprits, pour faire cesser toute hostilité mutuelle, pour approcher ces deux nations et petit à petit pour établir entre elles des liaisons amicales.

Voici donc un fait qui dans toute sa simplicité nous offre un puissant enseignement. Nous ne sommes point aux tropiques, et nous avons à faire ici avec deux nations de caractères plus posés et plus tranquilles; mais d'autre part, nous dira-t-on, la presse allemande, ne jouit pas d'une influence comme les presses brésilienne et argentinienne en jouissent sur leur gouvernement respectif.

Tandisqu'en France l'opinion omise par les journaux influe souvent grandement sur les actes officiels de la politique extérieure aussi bien que sur ceux de l'intérieure, nous savons fort bien que le gouvernement allemand est tout à fait indépendant et ne subit aucune influence de ce coté.

Mais d'autre part nous ne devons pas oublier que la presse est une grosse cloche qui, mise en branle, se fait entendre de partout, et tant et tant, que quand elle a longtemps sonné, l'opinion publique se forme, malgré elle, à son dire.

L'opinion publique est un écho docile qui répète ce que cette cloche lui a enseigné.

Et quand l'opinion publique et le gouvernement sont en désaccord, qu'arrive-t-il?

Question de temps, l'un cède à l'autre.

A la presse donc d'émettre des idées; au public d'accepter; aux gouvernements de décider! . . . .

Les anciens représentaient l'Occasion sous la figure d'une tête chauve ne possédant qu'une seule touffe de cheveux, seul point par où on put la saisir.

Berlin, le 2 août 1889.

M. baron Grivot de Grandcourt.

Imp.: **A. Dressel, Berlin.**